성(性)
행복과
기쁨과
치유

크라운출판사
http://www.crownbook.co.kr

저자 **정 혜 숙**

◈ 학력 및 경력사항

- 건국대학교 미술학 학사, 생활미술
- 홍익대학교 대학원 실내디자인 미술학석사
- Korean Art Therapy Association 미술치료 과정수료
- 대구대학교 재활 과학대학원 이학석사
- 서울 기독대학교 상담치유학 박사

◈ 자격사항

- 보육교사(보건복지부) 방과 후 지도교사(서울특별시)
- 미술치료사(한국미술치료학회), 사회복지사(사회복지협회)

◈ 사회경력

- 명동 이윤수 비뇨기과 부부클리닉담당 치료사, 가족치료 및
- 심리치료 방송다수(KBS 사랑과 전쟁)
- 여성가족부 강사
- 성희롱 예방교육(우신초등학교, 대영중학교 외 50여 곳)
- 서울경찰정, 한국삼성개발연구원, KT 강남지국 외 50여 곳)
- 서울 남주지방법원 이혼예방 전문상담
- 초이스 최의원 심리치료사

◈ 연구 및 수상경력

- 대구대학교 심리사회재활분야 총장상 수상
- 한국 미술치료학회 공로상 수상

◈ 연구논문

- "교회유치, 아동공간의 다목적성 및 사회심리적 기능을 고려한 실내공간기획"
- "미술치료가 부부 성생활 개선에 미치는 효과"
- "성상담을 위한 정신분석적 미술치료 연구_기독교인 부부 중심으로"

◈ 연구활동

- 노인건강증진 프로그램연구소 주관 학술대회
- '뇌졸증환자의 성기능 개선을 위한 미술치료' 연구발표
- 한양대학교 전통종교예술원, 소낙빛예술치료교육 상담센터
- 평등가족실천 미술치료 Well Being 교육프로그램 진행
- 한국 임상치유 예술학회 2010년 추계 예술대회
- '외상성장애(PTSD)의 예술 치료적 이해와 치료' 연구발표

저자 서문

성이란 하늘에서 인간에게 준 가장 큰 축복이다. 이 성행위를 통해 자손을 번창 하게 하여 한 가족과 집단 을 이룰수 있게한다. 그러나 반대로, 성이란 잘못된 행위를 통해 마음의 상처와 치욕감을 주기도 한다.

'표현하는 성' 은 신음하는 '성적문제'의 온전한 치유를 기대할 수 있기 때문에 필자는 이 책을 통해 성의 고귀함과 진정한 자유를 선포한다.

의외로 많은 사람이 자신의 성적 억압의 근원을 모른 채 살아가고 있다.

남녀 성 '관계'에 의해 만들어지는 성 문제들은 진정한 사랑을 만나지 못하면 반복적인 상처를 입게 된다. 그러므로 호기심이나 맹목적인 만남에서 이루어지는 급한 성관계를 절대적으로 주의해야하며 또한 상대를 잘알지 못하거나 겉모습만 보고 쉽게 성관계를 갖으면 후일에 큰 상처와 문제를 남기게 된다. 특히, 헤어질 때 오직 금전관계만을 요구하는 경우도 있으므로 특별히 주의해야 한다.

이렇게 여러 가지 문제로 성 억압에 묶여 있는 사람들을 위해 성힐링을 제시한다.

필자는 자유를 찾아가는 성 치유 여정을 독자와 함께 하려 한다.

성힐링에 대한 지혜와 영감을 주신 이 책에서 찾아서 생사 고락을 함께하는 가족과 함께 행복한 부부생활과 성생활을 할 수 있기를 기원하며 이 책을 구입하신 모든 분들께에게도 감사한 마음을 전한다.

부모가 들려주는 섹스 이야기

섹스 만한 심신 운동이 없다.

섹스의 주기적인 기회를 놓치지 마라.

섹스는 평생 개발해야 한다.

섹스는 건강 유지의 열쇠다.

섹스는 면역력을 상승시킨다.

섹스는 피부미용에 효과가 있다.

섹스는 성인병을 예방한다.

섹스는 서로를 친하게 한다.

섹스는 겸손과 예절을 동반한다.

섹스는 서로를 신뢰하게 한다.

요약본

이 책을 시작하며...

이 책은 전체적으로 7개의 장으로 구성되어 있어, 성 치유에 대해 간략하면서도 올바른 길을 갈 수 있도록 도움을 주는 길라잡이이다.

1장 성에 대해 나도 한마디 한다.

2장 아직은 어렵고 부담스러운 성적 표현, 이러한 성적인 과제를 표출하는 것에 대한 이론을 정리하였다.

3장 성적표현을 표출하는 것은 성에 대한 자유로운 기회를 갖게 한다.

4장 자신 스스로 성이력을 표현할 수 있도록 독자 실습코너를 마련하였다.
첫째, 성 표현 특성에 관련된 표현들을 나열했다.
둘째, 일상에서 발생하는 성적 문제들을 표현했다.

5장 자신 스스로의 성치유를 위한 성적 과제와 성적 이미지 표현 과정을 담았다.

6장 섹스리스의 원인을 분석하였다.

7장 섹스리스 부부를 표현하는 성 힐링 과정을 정리하였다.

부록 첫째, 부부 의사소통의 전 후 변화를 비교하기 위해 의사소통 변화 설문지를 사용하였다.
둘째, 부부 성 의식 전 후 변화를 비교하기 위해 부부의 성 의식 변화 설문지를 사용하였다.
셋째, 파트너와 함께 서로의 매력과 성감대를 표기하고 확인하며 성에 대해 자기 의견을 충분히 말하는 기회를 제공하는 장을 만들었다.

차례

1장. 수다 떠는 성

1. 신비로운 성

성은 신비하다. 성은 '즐기다'(Celebrate), '찬양하다'. '존경하다'. '잔치를 벌여 축하하다'. '즐거운 시간을 가진다' 는 의미를 내포한다. 인간의 성기관은 신비하며 인간이 성을 최대한 즐기기를 원한다. 부부가 서로의 성행위를 하면서 서로를 만족시켜 행복에 즐거움에 순간적인 '관계'는 참으로 신비롭다.

2. 인격적인 성

성은 서로의 '관계'를 요구하며 인격적으로 하나 되는 역할을 한다. 결혼식은 합법적인 성적 활동을 공포하는 날이다. 부부의 성은 배우자 외의 다른 이성과의 관계를 하는 행동을 암시한다. 부부는 인격적인 성을 통해 부부는 각자의 인격을 동반성장하게 한다.

3. 조화로운 성

성은 조화를 원한다. 신체기관 중 두 사람이 함께 조화를 이루는 성기관은 '관계'를 통해서 아름다운 성에 도달한다. 부부의 성기능은 협의적으로 무한 쾌락의 가능성을 열어 놓아야 한다. 예측 불허한 생애주기 마다 부부의 성은 부조화를 겪는 경우 를 많이 보았다.

2장. 표출하는 성

1. 표출하는 언어술

아직도 쉽게 말하지 못하는 성, 이 성을 이제는 예술 매체를 통해 나타낸다. 성관계는 소통을 동반해야 하는 신체적 언어라고 한다면 예술은 성에 대해 자유로운 표현을 하는 특별한 언어술을 발휘한다.

2. 예술표현과 인간의 심층

인간의 깊은 상처는 내면 깊은 층에 자리 잡는다.

마음 깊은 곳에 숨어있는 성적문제는 방어기제를 통해 억압당하지만 예술표현은 표출되는 과정을 통과하면서 외부로 끌어 올려진다.

성 충격은 성에 대하여 우리들의 입을 틀어막고 호들갑을 떨며 성 앞에서 자신의 감정을 가로막아 성 에너지에 대한 자유를 스스로 박탈당했다.

3. 표현의 능력

어린 시절 크고 작은 성적 충격은 부부의 성생활에서 장애물로 나타난다.
성장기의 성적 충격은 인간관계와 결혼생활에서 의사소통을 방해하고 몸으로 말하는 부부의 성에 부정적인 개입을 시도한다.

3장. 표현하는 성

1. 성표현의 특징

(1) 시각적 신체표현

	그림	제목	설명
1	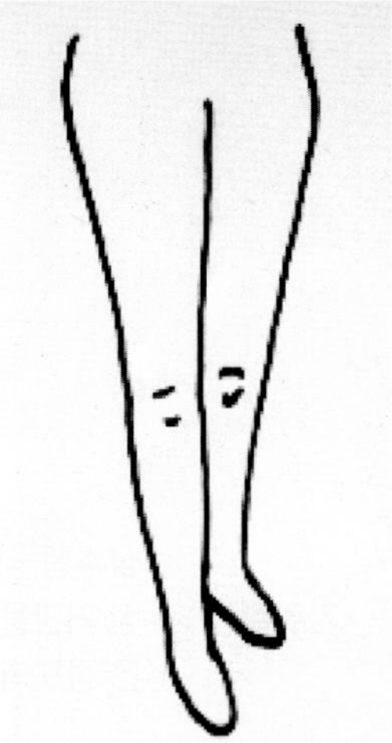	여성의 다리	성 표현에서는 노출된 여성의 다리 각선미에 대한 표현을 제일 쉽게 접할 수 있다.
2	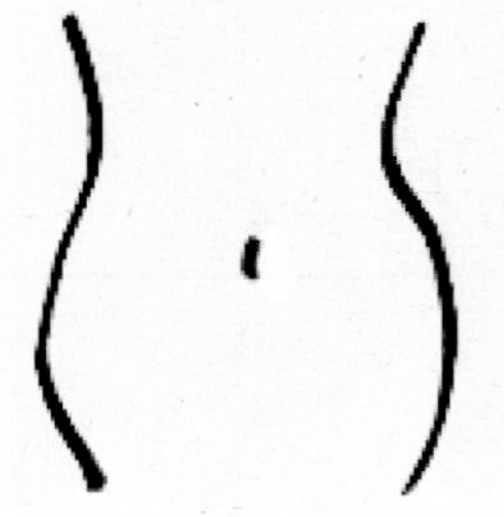	아랫배	배꼽에 대한 표현은 자극적이어서 성적 사건이 생길 것 같은 예감을 표현한다.

(2) 분노 감정의 표현

	그림	제목	설명
1		살인성	성적 문제를 겪는 피해 여성의 살인 성을 표현한다.
2	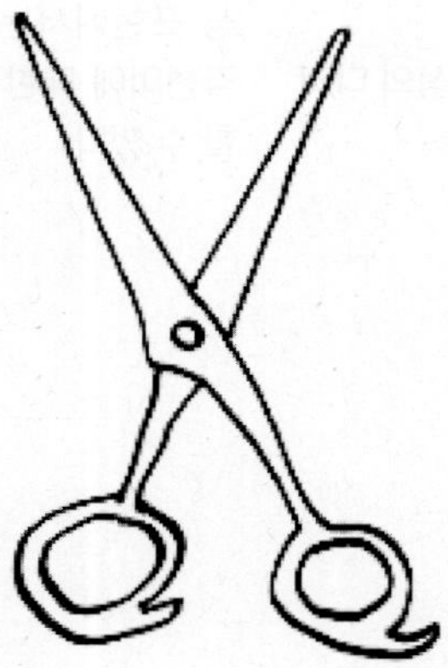	가위질	성추행 당한 여성이 남성의 성 기관을 가위로 자르고 싶은 정도의 감정을 표현한다.

(3) 상징적 표현 1

	그림	제목	설명
1		똥 무더기	성추행, 성폭행, 성폭력 등 성 피해자는 성을 부정적이고 더러운 것으로 표현한다.
2	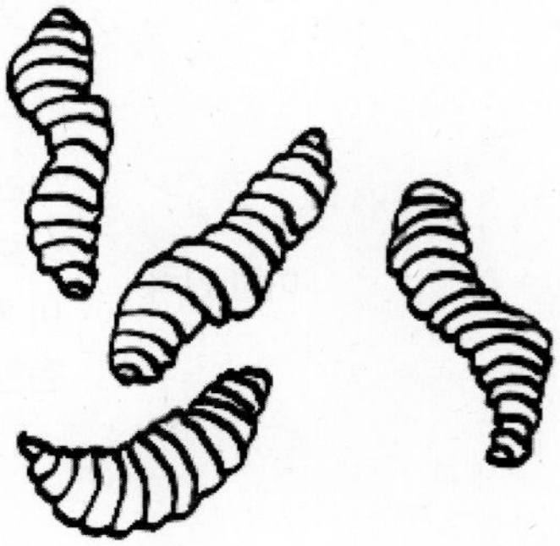	벌레표현 (구더기)	성에 대한 부정적인 감정의 성 개념은 성을 가까이 대하고 싶지 않은 벌레로 표현한다.

(3) 상징적 표현 2

	그림	제목	설명
1	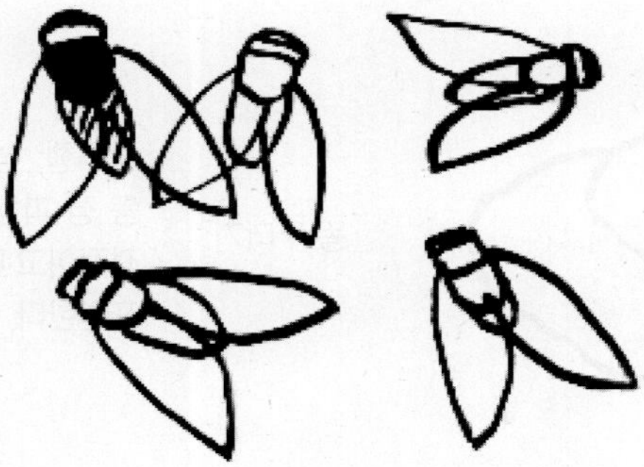	집단 행동 (똥파리)	남성들이 입대 전이나 군대에서 동료 군인들과 지저분하고 좁은 집창촌에 떼로 몰려갔던 것을 표현한다.
2		여성 편력	여러 여성을 성적인 대상으로 상대하는 남성이 자신의 성 본능을 표현한다.

(3) 상징적 표현 3

	그림	제목	설명
1		손놀림	손동작은 손을 통해 여러 가지 성적 행위가 발생한다는 것을 표현한다.
2	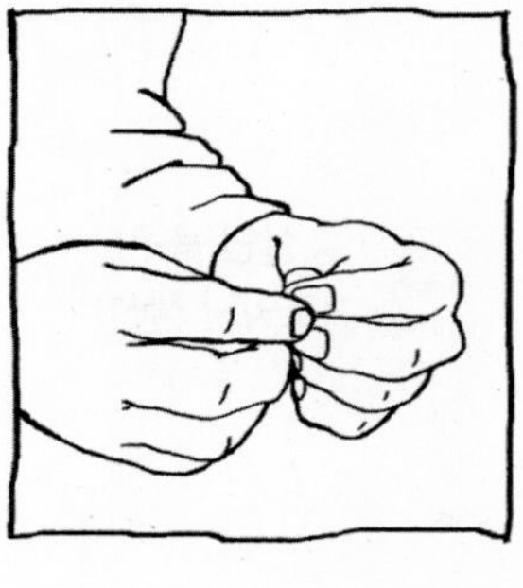	자위행위	움추리는 손가락의 모음을 통해 스스로 무슨 잘못을 한 것 같은 표현을 한다.

(4) 상징적 감정 표현 1

	그림	제목	설명
1	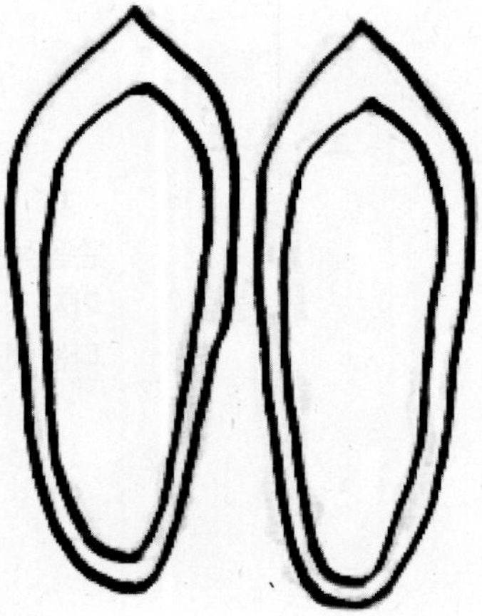	자살 시도	성폭행당한 여성 피해자가 고무신을 벗어 놓고 자살 시도하려는 심경 고백을 표현한다.
2	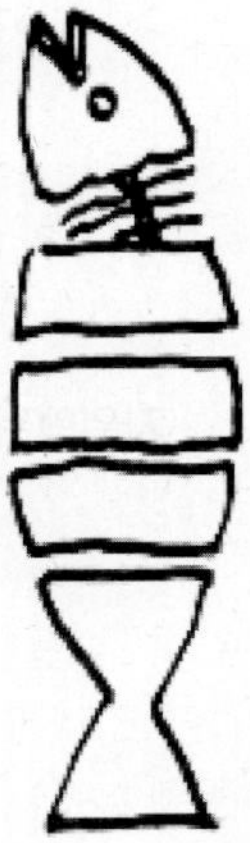	살인 욕구 (토막난 생선)	남편의 외도장면을 목격한 아내가 남편을 토막 내 죽이고 싶은 감정을 토막 낸 생선 그림으로 표현한다.

(4) 상징적 감정 표현 2

	그림	제목	설명
1		완전 독립	이미 관계가 깨져서 재생 불가능 하다는 표현을 한다.
2	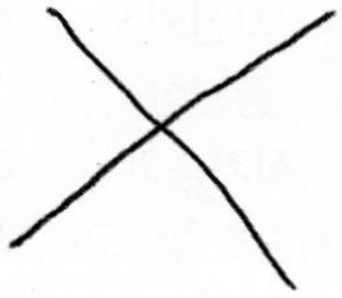	종료	섹스에 대한 기대의 희망이 전혀 없음을 표현한다.

(4) 상징적 감정 표현 3

	그림	제목	설명
1		메마른 나뭇가지	성관계 시 비적극적인 여성의 성적 태도가 불만인 남성이 여성의 신체를 마른나무 가지처럼 무감각하다고 표현한다.
2		외국 여성이 자신의 풍만한 젖가슴이 자랑스럽다고 표현한다.	성관계 시 비적극적인 여성의 성적 태도가 불만인 남성이 여성의 신체를 마른나무 가지처럼 무감각하다고 표현한다.

2. 성적문제의 표현

(1) 전철에서의 변태행위 목격

어느날 나는 전철을 타고 이동하는 중, 전철안에서 신문을 든 남성분이 계속 나를 쳐다보고 있다는 것을 알았다. 그 순간 내가 그 사람을 바라보았을 때, 남자분은 본인이 들고있는 신문 아래로 변태 행위를 하고 있는 것을 목격하였다.

나는 그 행위를 목격한 후, 식사도 제대로 하지 못하고, 한동안 내 자신 스스로가 남성에 대한 혐오감에서 벗어날 수가 없었다. 또한 이 다음번에 지하철을 타야 할 일이 생기면 긴 소매의 옷만 입고 다니며, 지하철 손잡이를 잡아야 할 일이 있으면 내 소매를 이용하는 습관마저 생기게 되었다.

(2) 회피성 부부의 잠자리

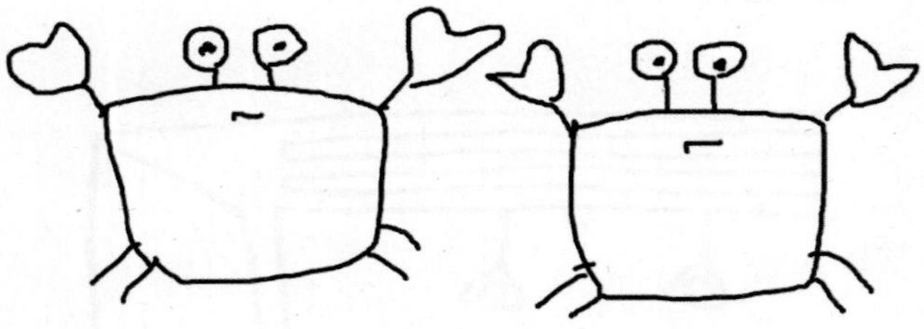

나는 남편과의 잠자리를 피하려고 옆으로 옮겨다니는 게처럼 이방 저방을 옮겨다닌다.

부부의 성은 인생 주기마다 고난을 겪는다.

경제능력의 문제

생활습관의 차이

성격차이 불인정

생활태도 불합리

성생활의 부조화

양육의 견해차이

진로에 대한 이견

(3) 근친상간의 성놀이

한 설문조사의 의하면, 여학생의 15%, 남학생의 10%가 형제 또는 자매와 애무를 하거나 성적 경험이 있다고 밝히고 있다. 대부분의 사람들은 근친상간이 흔치 않다고 생각하고 있으나, 조사에 따르면 상당히 높은 비율로 근친상간이 발생하고 있다.

(4) 부모님의 궁금한 성생활

나는 초등학교 다닐 때까지 부모님과 한방에서 같이 잠을 잤다. 하지만 나는 부모님께서 서로 관계를 가지시는 지는 한 번도 본 적이 없다.!!!

부모님께서는 두 분이서 여행을 잘 다니시지만 그 여행은 부모님 단 두분만 가는게 아닌 모임을 통해 여러명이 함께 가시는 것 같았으며, 서로의 성생활은 하지 않는 것 처럼 보였다.

부모님께서는 우리(오빠랑 나) 앞에서 아버지께서 어머님을 꼭 붙잡고 있는 모습을 정말 많이 보여줘서 지금은 하나도 이상하지도 않다!

나는 두 분의 성생활에 대해서 잘은 모르겠지만, 아버지께서 집에만 오시면 어머님과 떨어지지 않으려는 모습을 자주 보게되니......아마도 우리 모르게 하시겠지요? ^^!!

(5) 성불감증 호소

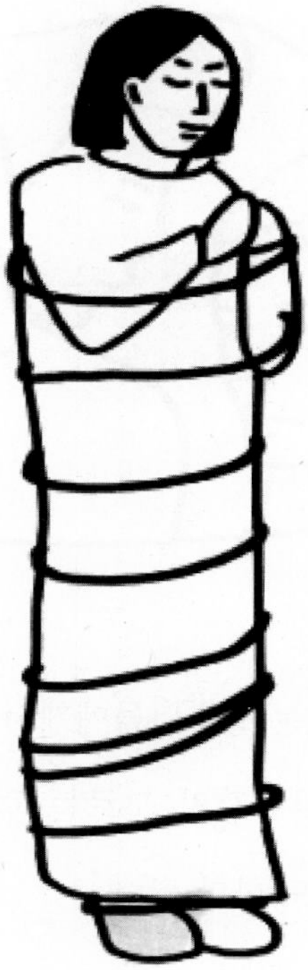

고통과 지저분함.

의무감에 응함.

남편을 싫어함.

나를 얽매이게 하고, 나를 구속하는 것.

복부에 가스가 찬 것처럼 답답하고 불쾌하다.

(6) 유혹

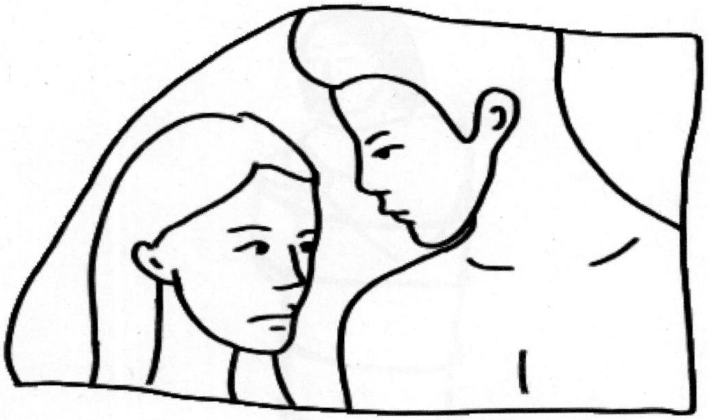

위의 이미지는 함께 밀착하고 있는 청소년들에게서 흔히 나타나는 모습이다.

청소년기의 성충동은 어디로 날아갈지 모르는 럭비공 같아 어떻게 사용되는가에 따라 인생의 지각변동을 초래하기도 한다.

청소년은 자신의 외로움을 채워주는 무엇인가를 의지하려는 욕구가 강하다.

청소년기의 성은 일생을 좌우하는 중요한 사항이다.

(7) 어르신의 첫날밤

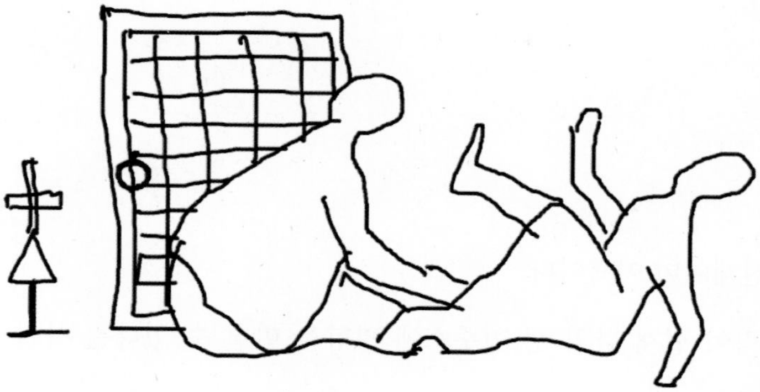

신부는 자신의 몸을 더듬거리는 신랑이 이해가 되지 않아 피하기 시작했다. 그러자 신랑은 더욱 힘을 가하고 점점 더 거칠어져 신부는 두려움이 생겼으며 급기야 몸싸움까지 벌어졌다.

신부는 정말 이러한 상황에서 자신을 지키는 일은 도망가는 일밖에 없다 생각하여 바로 친정으로 줄행량을 쳤다.

4장. 가슴에 묻는 성

성은 나의 신체이며 이력이다.

나의 성 이력이 현재 나의 성 현주소에 영향을 미칠 수 있다는 사실을 필자는 책을 통해서 알리고자 한다.

성에 대한 개념

별거 중안 40대 중년 남성의 표현이다.

마지막 부분이 절단 나지 않아

다시 화합하고 싶은 마음을 나타낸다.

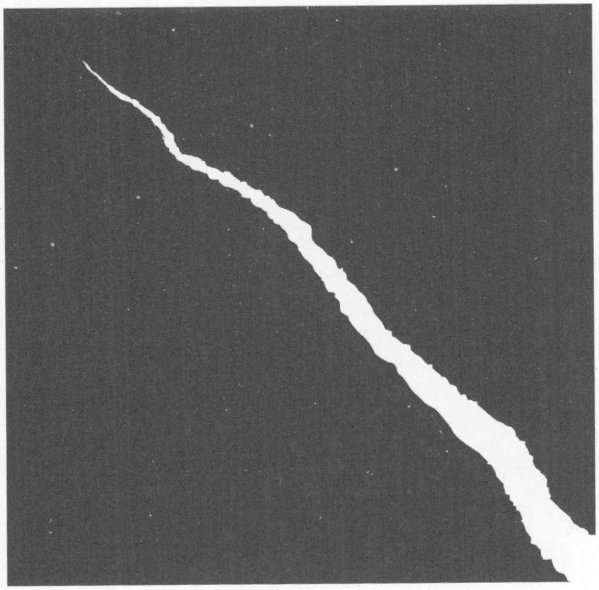

• **낙태**

왜 나를 버리셨나요?

• **외도**

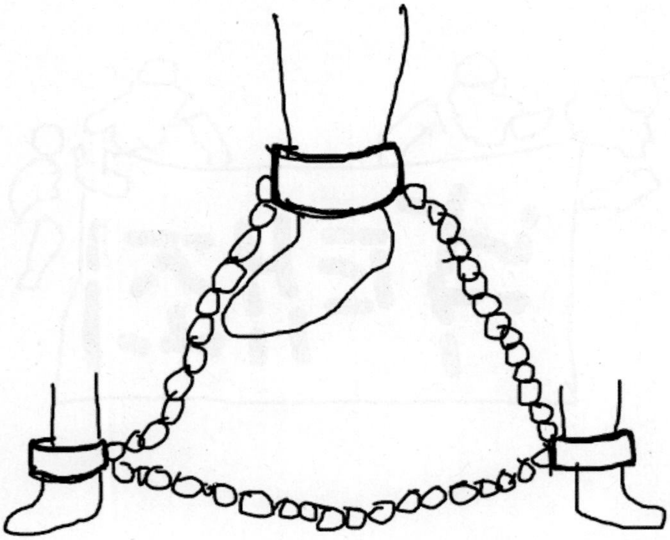

사슬에 묶인 채 각각 다른 방향을 향하고 있다.

· **불륜**

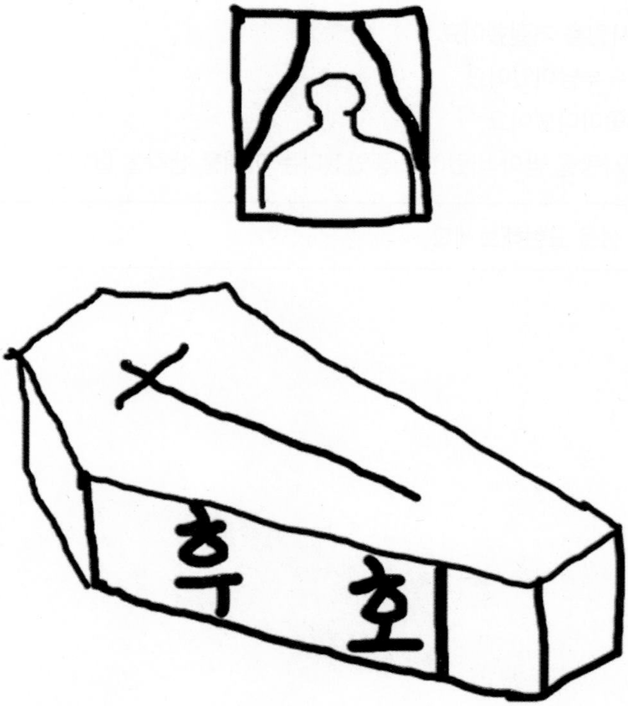

죽어서도 후회할 일이다.

1. 아쉬운 성

- 상대방의 사랑을 거절했어요.
- 그 상대는 유부남이었어요.
- 몇 개월을 쫓아다녔어요.
- 사랑할 때 사랑을 받아 버렸어도 좋았겠다는 아쉬운 생각을 합니다.

나의 아쉬운 성을 표현해보세요.

2. 후회하는 성

<table>
<tr><td>

- 바캉스 해변에서 20세 때.
- 맥주 9잔 마시고 모래사장에서 키스했어요.
- 그리고 끝났어요.
- 인연이 이어지지 않았지요.
- 멋이 있었지만 후회!

</td></tr>
<tr><td>내가 후회하는 성을 표현해보세요.</td></tr>
</table>

3. 기대하는 성

내가 짝사랑하는 대상과 잠자리에서 만나는 꿈을 꾸었어요.
내가 기대하는 성을 표현해 보세요.

5장. 치유되는 성

한국전쟁과 분단은 대한민국 국민들에게 성적인 깊은 상처를 남겼다. 국가적인 상처는 치유되는 시간이 필요하며 앞으로도 국민정서의 치유과제를 주요한 정책으로 삼아야 할 필요가 있다. 우리나라는 약 1,000회의 전쟁을 치루며 우리나라는 전쟁에 희생양이 되는 성적과제가 끊임없이 발생한 나라이다.

우발적인 성폭력이나 성추행 문제는 복지차원의 기관들이 활동을 하고 있지만 전국민의 의식 저 아래 인지되어있는 성적문제를 공식적인 화두로 다루는 전문기관이 아직은 없다. 이에 대한 논의를 적극적으로 다룰 수 있는 전문기관이 절실히 필요한 때이다.

성치유를 위한 제언

성치유의 주도권은 내담자 자신에게 있다.

자신의 내면을 표출하는 것이 치유의 시작이다.

심상 깊이 숨어있는 마지막 성적 비밀을 외부로 표출하고 잊어버리는 마음이 필요하다.

1. 자신의 성 이력을 점검하라.

2. 성 치유를 위한 적극성이 필요하다.

3. 성 지식의 전문성을 스스로 연구하라.

4. 성에 대한 새로운 기대감이 필요하다.

1. 성 놀이

2. 성 충격

3. 첫 경험

1. → 나의 성 놀이에 대해 생각나는 대로 표현해 보세요.

언제:

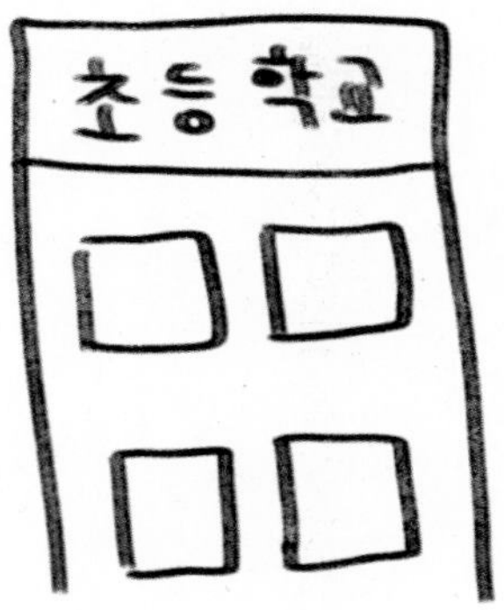

어디서:

누구와:

어떻게:

성놀이

만져줌

동생과

2. 나의 성 충격을 생각나는대로 그려보세요.

언 제	13살
어디서	방에서 아무도 없을 때 문을 잠그고
누구와	선배 누나와
어떻게	대화하다가 누나가 갑자기 바지를 벗겼다. 평생잊지 못하는 성 충격이다.

성충격 1

성충격

성충격 2

3. 나의 첫경험을 생각나는대로 그려보세요.

언 제	17살
어디서	집에서
누구와	나를 좋아하는 아는 동생과
어떻게	스킨쉽과 서로 성기를 만지며 놀았습니다. 동생이 자꾸 "나를 덮쳐줘"라고 이야기를 했고, 나는 어떻게 해야 하나? 내가 그럴 수 있을까? 하면 안 되는데?... 라고 생각을 많이 했지만, 얼떨결에 첫경험을 해버렸다.

첫경험 1

첫경험 2

6장. 부부간의 섹스리스

1. 섹스리스 원인

고난을 겪는 부부의 성

(1) 분방의 문제

분방의 습관은 다시 돌이키기가 쉽지 않기 때문에 어떠한 이유라도 부부가 합심하여 이 조건을 극복해야 한다.

(2) 출산 후 변화

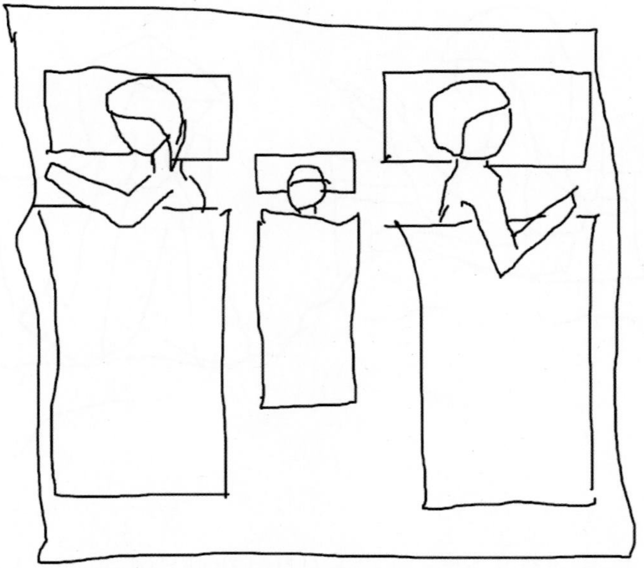

출산 후 여성은 신체와 환경의 변화로 부부의 성생활은 위기를 맞기 쉬운데 주기적 성관계를 위한 부부의 협의가 필요하다.

(3) 잠자리의 시비

잠자리는 부부의 성 결합을 위한 예민한 시간이기 때문에 불편한 시빗거리는 아예 차단하는 것을 권면한다.

(4) 신체비하 발언

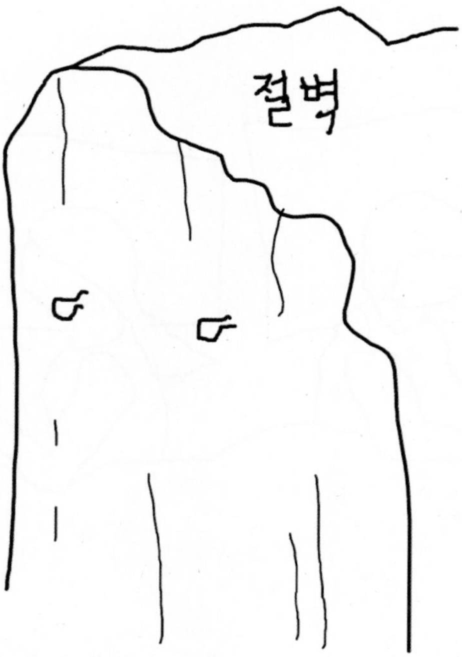

신체상 왜곡에 대한 비하 발언은 피하고 서로의 몸을 극찬하는 것이 서로의 자존감을 높여주며 배우자의 성적 기관을 개발하는데 유익하다.

(5) 수용할 수 없는 성적기술

수용하기에 부담스러운 성적 기술은 오해의 소지가 있기 때문에 부부의 성관계의 질을 격하시킨다.

(6) 임신공포

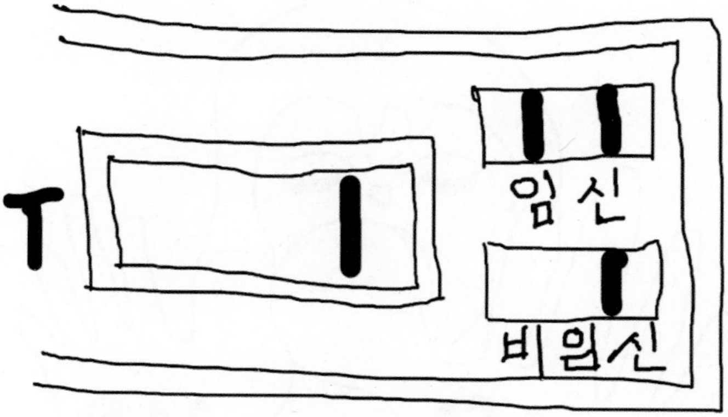

임신의 불안감은 성적 관계의 쾌락점을 향해 노력하는 성관계에 나쁜 영향을 끼친다.

(7) 거절에 대한 오해

성관계를 거부하면 배우자는 자신을 거부한다는 인식으로 성관계에 대한 부정적 감정이 고착되기도 한다.

7장. 성 힐링 사례

커플들은 결혼 후에도 연애 감정을 유지하는 성적 친밀감과 성취감을 기대한다.

그러나 결혼 후 부부의 성이 감동적인 쾌락을 유지하고 발전하는 것은 그냥 저절로 생겨나는 현상은 아니다.

치유의 세계는 '사랑의 줄'이 존재한다.
이어지지 못한 사랑의 줄,
끊어지려는 사랑의 줄,
잘라져 버린 사랑의 줄.

이 선들을 재구성하여 사람 답게 가족 답게 살아가는 것이 힐링의 사명이다.

성적외상에 관한 치유이론

통계적으로 여성의 50%가 어린 시절 성추행의 기억이 있다 고 밝힌다. 성추행을 당하는 시기는 영아기 3%, 취학 전 10%, 초등학생 때 23%, 10대에 15% 이다.

성적문제의 외상은 평생 동안 성적 문제를 일으키는 원인이 되기도 한다.

성 피해자는 자신의 감정을 충분히 표출하고 과거의 성적외상이 현재 자신의 정서에 미치는 영향에 대해 점검할 필요가 있다.

성 힐링 치료에 프로그램의 3단계

1. 초기

치료 초기에는 내담자의 적극적인 의지가 중요하다. 배우자의 관심도를 진단하고 치료 설계를 한다.

2. 중기

치료 중기에는 억압된 감정과 경험들이 계속 표출된다. 내담자는 미해결된 성적문제들이 현재 자신의 성적과제에 작용하고 있음을 통찰한다. 자발적인 성 표현 활동은 억압된 자신의 감정을 자유롭게 표현하는 시간이다. 프로그램 과정에서 내담자는 자신의 마음과 행동에 변화가 있음을 인지한다.

3. 종결

프로그램 과정 중에 내담자는 이미 답을 얻고 스스로 자신의 변화를 행동으로 나타내 보이기 시작한다. 언어와 행동에 변화가 있는 배우자의 모습을 실감하고 프로그램에 동참하기를 자처한다. 프로그램 과정 중에 부부는 하나가 되어간다.

성 힐링 프로그램은 부부와 가족이 안정화되어 가는 과정을 확인하면서 종결한다.

아 내

아내의 프로그램 진행과정

1) 아내의 주 호소 내용

(1.1) 성적통증 호소

(1.2) 성적욕구 불만

(1.3) 남편의 폭력성

(1.4) 교사에게 성추행 당함

아내 프로그램

	주제	핵심용어
1	나를 소개합니다	다혈질
2	우리 부부의 잠자리	섹스리스
3	회피성향 부부	성적통증
4	불덩어리	분노조절장애
5	나의 성적 욕구	선정적 표현
6	성적불만	거절
7	어린시절의 충격	선생님의 손
8	나의 어머니를 소개합니다	이혼
9	나의 아버지를 소개합니다	권위주의자
10	부모님의 부부관계	주종관계
11	결혼에 대한 회상	우울한 결혼식
12	시어머니를 소개합니다	부정적인 감정표현
13	남편에게 바램	희망사항
14	부부합동화	치유적 관계

1. 나를 소개합니다.

첫 회기 '나를 소개합니다' 라는 주제에서는 아내가 자신을 객관적으로 진단하는 것을 목표로 삼는다.

1. 나는 성격이 **다혈질**입니다.
2. 강열하고 단순하면서 우유부단하고 소극적이기도 한 것 같아요.
3. 나 같은 사람은 어떤 사람을 만나는가에 따라 성질이 바뀔 수 있는 것 같아요.
4. 나를 이루고 있는 전체 중 어떤 한 면과 통하는 사람과 만남이 이루어진다고 생각하는데 내 모습 있는 그대로 받아주는 사람이 좋아요.

2. 우리 부부의 잠자리

이번 회기의 목표는 성적인 문제들을 아내 입장에서 표출하는 것이다.

내담자분이 상담을 시작하자마자 바로 크게 한숨을 쉬더니 "우리 부부의 잠자리는 **섹스리스** 입니다" 무엇인가 들킨 것 같은 표정을 하면서 치료사를 힐끔 훔쳐본다.

처음에는 잠시만 그러려니 했는데 아이들과 같이 자는 것 이 습관이 되어버린 것 같아요. 이제 어떤 계기가 오지 않으면 큰 문제가 생길 것 같아요.

3. 회피성향 부부

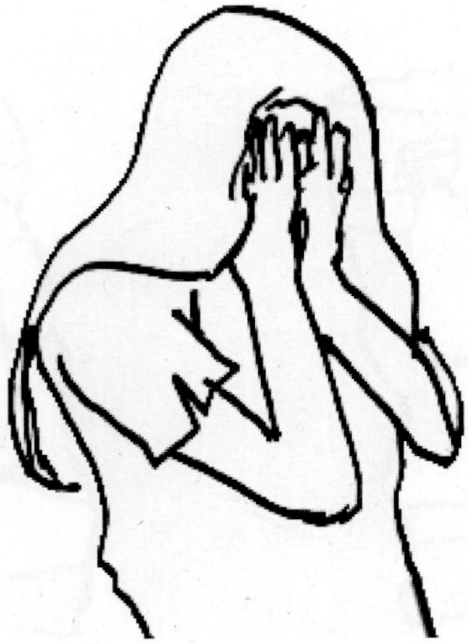

이번 회기 목표는 **성적통증**의 원인을 진단하기 위해서 심리적으로 접근하는 것이다.

어린 아들이 가슴을 만져도 아랫부분이 짜릿하고 기분이 나빠져 갑자기 화를 내고 후회한다.

자녀들에게 오히려 더 심한 행동을 하는 것 같아 불안하고 초조하다고 말한다. 사실은 아버지가 나에게 억압하셨던 일들을 무의식적으로 자녀에게 행동하는 나의 습관이 고쳐지지 않는다.

4. 불덩어리

이번 회기는 아내가 남편에 관해서 사실대로 표현하는 것이 목표이다.

아내는 "우리 남편은 화를 잘 안 내지만 한번 화나면 걷잡을 수가 없어요. 사람에게는 절대 손대지 않아요. 사람은 때리거나 하지 않는데 물건을 집어 던져요. 손에 잡히는 대로 자기에게 가까운 것부터 부숴요. 그래서 우리 집 물건이 귀퉁이 날라간 것이 많아요. 사람들은 남편을 외형으로만 보고 신사다. 멋지다. 하는데 사실은 속을 모르는 거죠. **분노조절 장애만** 아니면 정말 좋은 남자예요."

5. 나의 성적 욕구

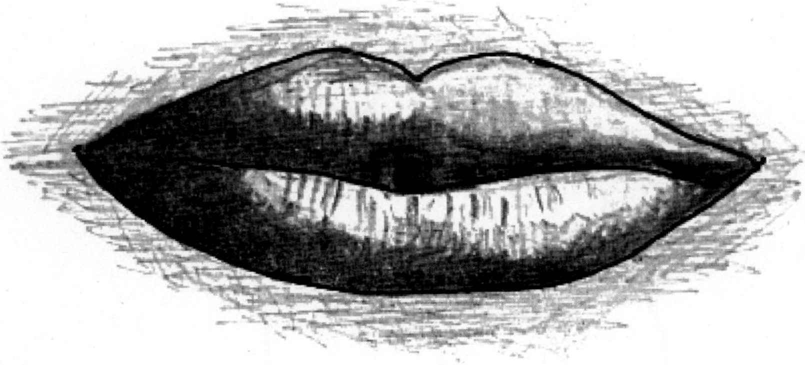

이번 회기는 성에 대한 자유로운 표현을 하는 것을 목표로 정했다.

클로즈업한 입술 사진은 매우 **선정적 표현**이라는 것을 나타낸다. 이 제목을 성적용어로 표현하면 "나의 성적욕구가 좋겠습니다." 오늘의 주제가 아내의 의사대로 나의 성적 욕구로 주제가 정해졌다.

6. 성적 불만

이 회기도 성적인 문제를 깊이 있게 표현하는 것이 목표이다.

"남편은 새벽에 나를 깨우곤 했는데 제가 몇 번 **거절**했더니 다시 요구하지 않네요. 내가 남편을 가까이 오지 못하게 내 주변에 가시 울타리를 두른 것입니다. 가시사진을 붙였어요."

7. 어린 시절의 충격

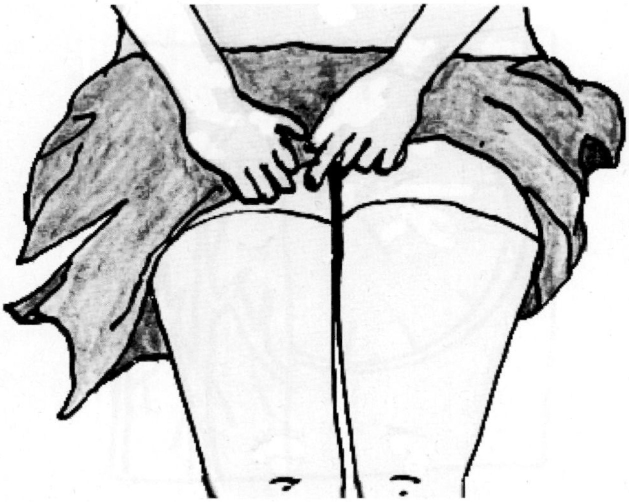

이번 회기는 '어린 시절의 충격'을 표출하는 것을 목표로 정했다

갑자기 **선생님의 손이** 나의 치마 밑을 더듬는다. 순간적으로 내 고개가 들려지니 선생님은 무서운 눈초리로 나를 째려보아 나는 고개를 떨구고 시험지만 보았다.

그 선생님은 소리 소문 없이 다른 학교로 전근을 가셨는데 후에 알고 보니 우리 반의 3분의 1 정도가 그 일을 당했다는 것이다.

나는 오늘 처음으로 그 일을 세상 밖으로 내어놓는다고 말하면서 안도의 숨을 쉰다.

8. 나의 어머니를 소개합니다.

“이번 회기 목표는 나의 어머니를 소개하세요”

‘우리 부모님이 같이 있는 모습을 본 기억이 없다고 말하면서 어릴 때 어르신들이 집에 오시면 우리 부모님이 이혼할것 같다는 말을 하던 기억이 나곤 해요.

9. 나의 아버지를 소개합니다.

이번 회기에는 아버지에 대해 통찰하는 것을 목표로 정했다

“나는 아버지에 대해서는 말하고 싶지 않는데요.” 아버지는 **권위주의자로** 한번 화를 내면 온 가족이 하던 일을 멈추고 숨을 못 쉴 정도였어요.

아버지 하고는 아무 추억이 없네요.

<아버지에 대한 아내의 인식>

① 억울함-아버지는 나를 제일 많이 나무라셨어요.

② 두려움-무섭게 꾸짖으셔서 수치감과 자괴감도 들곤 했어요.

③ 외로움-아버지는 왠지 외로워 보이기도 하셨어요.

④ 허영심-자신이 불편할 정도로 남을 의식하시고 사셨어요

10. 부모님의 부부관계

이 회기에는 “부모님의 부부관계라는 목표를 정했다.

<부모님에 대한 아내의 인식>

① 아빠의 권위가 너무 지나치다.

② 희생적이고 참기만 하는 엄마 : 자식으로 가슴 아프다 못해 화가 남. 무기력, 무력감이 느껴짐

③ 남한테 희생적임, 억울함, 불쌍함, 안쓰러움

④ 평등 관계가 아니고 **주종관계(?)**

11. 결혼에 대한 회상

<결혼 전>	<결혼 후>

이번 회기에는 결혼 전 후에 대한 통찰의 시간을 가지는 것을 목표로 정했다.

결혼을 계기로 자신의 변화한 모습을 보듯이 두 가지 형태의 집 사진을 비교하듯 붙인다.

결혼식을 하면 아버지에게서 벗어나 받아주는 곳이 있다는 안도감에 남편을 의지하고 싶었다. 그러나 **우울한 결혼식**이였다." 고 당시의 심정을 회상하며 말한다.

12. 시어머니를 소개합니다.

이번 회기는 부정적인 감정을 표출하고 시어머니와의 관계개선을 위한 목표를 정한다

남편에 대한 얘기가 나오면 시어머니에 대한 얘기가 따라 나오곤 한다. 그림이 무언가 삐딱한 느낌이다. 마지못해 시어머니를 표현하면서 시어머니를 싫어하는 자신의 속내가 무의식적으로 드러난 것이다.

프로그램을 하는 과정에서 자신에게 문제가 있음을 인식한 아내는 시댁식구들에게 먼저 다가가서 화해를 청했다.

13. 남편에게 바램

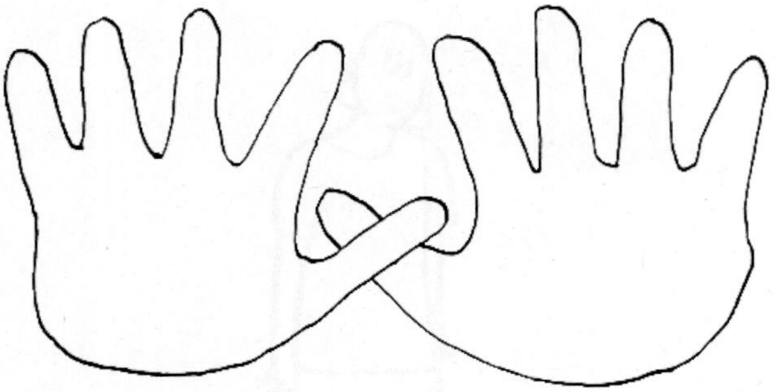

이번 회기는 아내의 바램을 남편에게 직접 전달하는 것을 목표로 정한다.

희망사항은 이제부터 의도적으로 남편과 소통은 물론 적극적인 성관계를 하는 것이 좋겠어요.

서로의 상처를 보듬어 주기로 합시다.

사랑하는 마음으로 상대의 입장에서 살펴주십시오

서로의 건강을 위해 보약 등을 챙겨 줍시다

친구들보다 아내를 위해서 살았으면 하는 바램입니다.

아내를 세상에 하나뿐인 존재로 귀하게 생각해 주십시오

내 몸에 대해 칭찬을 좀 많이 해줬으면 합니다.

부모님과 정기적으로 여행을 가기로 합시다.

내가 싫어하는 습관들을 고쳐 줬으면 합니다.

욱 하는 성질과 폭력적인 행동을 고쳐 줬으면 합니다.

나의 애정표현을 무조건 반응해 줬으면 합니다.

아이들을 맡기고 정기적으로 부부만의 성적환경을 만듭시다.

14. 부부 합동화

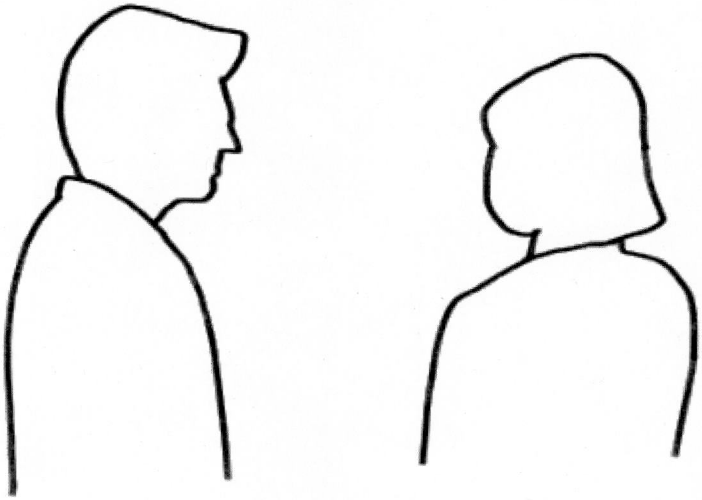

이번 회기는 종결의 목표를 정했다.

나는 남편을 통해 치유를 받았다고 인정한다. 우리 부부는 앞으로도 **치유적 관계**를 평생 유지해야 한다는 뜻이 일치합니다.

남편은 나의 상급입니다. 남편은 나의 축복입니다. 나는 남편을 사랑합니다."라고 말하며 부부가 함께 포옹하며 변화된 모습을 표현한다.

남 편

남편의 프로그램 진행과정

1) 남편의 주 호소 내용

(1.1) 아버지의 외도

(1.2) 분노 조절 장애

(1.3) 청소년기의 상처

(1.4) 어린 시절 성폭행

남편 프로그램

	주제	핵심용어
1	나에게 나를 소개하세요	이기적인 사람
2	사람들에게 나를 소개하세요	이중적인 모습
3	나와 자녀	유치원 부적응
4	우리 부부를 소개하세요	부부갈등의 심화
5	원 가족을 소개하세요	역기능 가정
6	내가 나를 진단하세요	고통
7	나의 감정표현	부정적인 생각
8	나의 주요 감정	우울감
9	성폭행	친척할아버지
10	성적 외상	후유증
11	유아기 성 충격	성관계 현장
12	아동기 성 충격	이상한 행위
13	분노	치명적인 나쁜 습관
14	나의 성적욕구	죄책감
15	나의 어머니	이혼
16	나의 아버지	미움과 원망
17	내가 꿈꾸는 부모사랑	관계 개선
18	나의 상처	처음사랑
19	성적문제	쓰레기통
20	내가 나를 용서하기	자유자유
21	주변정리	마음정리

1. 나에게 나를 소개하세요

첫 회기에서는 미술표현을 통해서 자신에 대해 탐색하는 것을 목표로 정했다.

내담자는" 주변의 모든 것을 내가 조정하기를 바라며 나는 자신만을 생각하는 매우 **이기적인 사람**이다"고 말하였다.

2. 사람들에게 나를 소개하세요

본 회기 에서는 사회의 조직에서 내담자가 자신을 탐색하는 것을 목표로 정했다.

내담자는 평소 우울한 자신의 원래 감정과는 달리 타인에게는 매우 친절하고 매너가 좋은 **이중적인 모습**

3. 나와 자녀

본 회기에서는 어린 아들이 아내의 눈치를 보는 문제 원인을 찾고자 하는 데 목표를 정했다.

우리집에는 유치원에 부적응하는 자녀가 있다. 엄마는 그 자녀를 돌보기위해 자녀와 함께 온종일 집에만 있다. 그 이유는 자녀는 엄마가 항상 곁에서 키워야 한다는 강한 남편의 신념때문이라 말한다. 키워야 한다는 남편의 신념 때문이라고 말한다.

아내의 양육태도에 불신을 가지고 있는 남편의 불안감은 아이들의 활동상황을 수시로 전화로 확인하는 것에서 나타난다.

4. 우리 부부를 소개하세요

이 회기에서는 남편의 시각에서 부부문제를 표출하고자 하는 데 목표를 정했다.

잠시 한숨을 쉬며 "우리 부부는 맞지 않다" 고 말하며 부부갈등의 문제를 적극적으로 표출한다.

남편 얼굴 윗부분 네모 모양의 분리된 공간 표현은 **부부갈등의 심화**에 대한 표출을 한 것이다.

5. 원 가족을 소개하세요

본 회기에서는 **원가족의 역동성과 가족의** 구성원으로서 자신의 모습을 탐색하는데 목표를 정했다.

볼펜으로 작품에 X 표시를 하며 가족에 대해 극심한 거부감을 나타냈다.

아버지의 외도로 역기능 가정에서 성장했다." 남편은 원가족에 대한 깊은 상처에 대해 천천히 설명하였다.

6. 내가 나를 진단하세요

본 회기에서는 내담자가 자신을 진단하는 데 목표를 정했다.

치질환자가 몸을 동그랗게 구부리고 있는 사진모습은 현실에서의 극도로 불안정한 자신의 심리를 나타낸다. 말 못할 **고통**이라는 글자는 내담자가 자신의 고통을 표출하지 못하는 답답함의 표현이다.

7. 나의 감정표현

본 회기에서는 지금의 감정에 대해 표현하고 자신을 객관적인 시각으로 이해할 수 있도록 하는 데 목표를 정했다.

치료사는 "머릿속의 **부정적인 생각**에 대해 이야기하자" 고 하니 "성폭행 경험과 성과 관련된 일들이 자신을 우울하게 만든다"고 말한다.

8. 나의 주요 감정

본 회기에서는 내담자가 자신의 내면의 감정을 표현하고 자신을 수용하는데 목표를 정했다.

"아내와는 물론 주변인들과 의사소통이 어려워지고 마음 나눌 대상이 없다"

아무도 없는 바위산에 하염없이 혼자 걸터앉아 있는 모습에서 내담자의 **우울**감을 나타낸다.

9. 성폭행

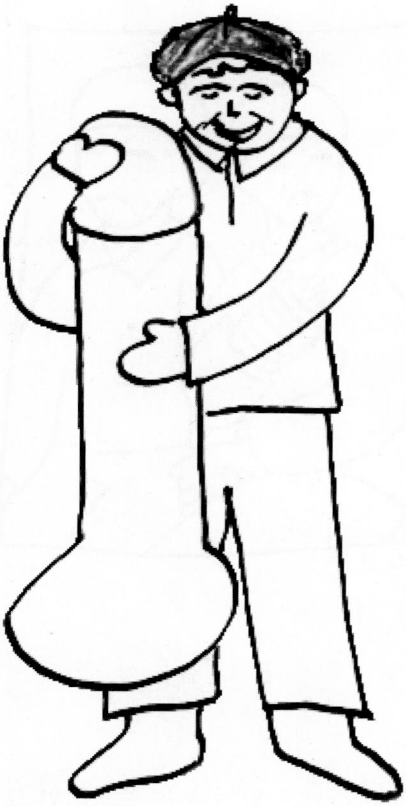

본 회기에서는 유아기 핵심 감정과 좌절감을 탐색하는 데 목표를 정했다.

내담자와 사촌이 4살 경에 성폭행 당한 후 자신의 성격이 갑자기 변했다" 고 말했다.

친척할아버지를 집안 행사에서 늘 마주쳤으나, 자신은 어려서 누구 와도 말할 수도 없었다며 "그 일만 떠오르면 때려 부시고 싶다" 고 말한다.

10. 성적 외상

이전 회기보다 유아기의 핵심 감정과 좌절감을 심도있게 탐색하는데 목표를 정했다.

두 아이가 서로 다른 곳을 바라보고 있는 것은 충격적인 그 사건의 **후유증** 때문에 지금까지 서로 말을 피하고 있다고 말한다.

11. 유아기 성 충격

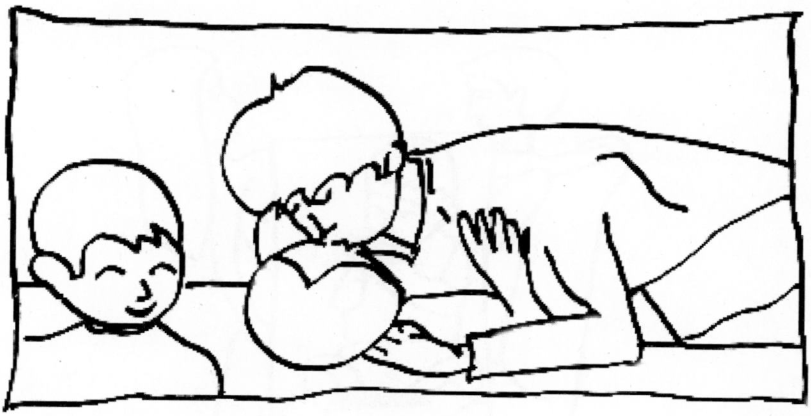

본 회기에서는 충격적인 성경험을 표출하는 것에 목표를 정했다.

내담자가 자다가 깬 것 같은데 아버지가 어떤 여자와 무언가를 하고 있었고 그 장면을 목격한 내담자는 그 상황이 무엇인지 몰라 울고 있다.

성관계 현장을 여러 번 목격했으며, "분노의 감정을 감추고 성장한 자신의 억압된 감정은 현재가지 자신의 삶에 갈등과 불안을 일으키는 요소" 라고 말한다.

12. 아동기 성 충격

본 회기에서도 내담자의 성과 관련된 충격적 경험을 표출하는데 목표를 정했다.

자다가 깼는데 아버지가 어떤 여자와 **이상한 행위**를 하고 있어서 "누구냐" 고 물었더니 아버지가 "여자친구" 라고 답했고 "나는 다시 잠들었다"

이전 회기에서는 왼쪽 끝부분에 상황과 전혀 어울리지 않게 웃는 아이의 얼굴을 붙였고 이 회기에서는 어린아이가 한가운데 앉아서 한 곳을 주시하고 있는 사진을 붙였다. 이 사진들을 통해 내담자의 인식에 변화가 있다는 것을 관찰한다.

13. 분노

본 회기에서는 내담자의 분노에 대해 집중적으로 탐색하는 데 목표를 두었다.

"내 가슴 속에는 항상 분노가 차 있으며, 이것이 자신의 삶에서 가장 **치명적인 나쁜 습관**" 이라고 하였다.

내담자는 "가끔 이유 없이 화가 치밀면 손에 잡히는 물품을 부셔 버린다" 라고 말한다. 내면에 해결되지 못한 분노의 감정들이 그 원인이다.

14. 나의 성적욕구

본 회기에서는 남편의 성적욕구를 표출하는 목표를 정했다.

사랑하는 아내와 자녀가 있는데 성적 문제로 다른 여성에게 관심을 갖는 자신에 대해 자학과 **죄책감**이 든다고 하였다.

15. 나의 어머니

본 회기에서는 어머니에 대한 불편한 감정을 표현하고 어머니에 대한 이해를 돕는 데 목표를 정했다.

왜 아버지와 **이혼**하지 않는지 이해가 되지 않을 때도 있다. 부부관계가 좋지 않은 어머니와 아버지 사이에서 자신의 입지가 매우 난처할 때가 많았다고 하였다.

16. 나의 아버지

본 회기에서는 아버지에 대한 자신의 감정을 표출하고 아버지에 대한 인식을 개선하는 것에 목표를 정했다.

미움과 원망은 부모님의 부부관계와 마찬가지로 자신도 잠자리를 하지 않고 의사소통이 되지 않고 자신이 방황하고 있다고 하였다.

내담자는 자신의 삶이 아버지의 삶과 매우 닮았다는 것을 느낀다고 말한다. 자신은 아버지의 삶을 증오했기 때문에 답습하지 않기 위해 무척 노력해왔다.

17. 내가 원하는 부모사랑

본 회기에서는 어머니 아버지에 대한 사랑을 기대하는 모습을 표현함으로써 목표를 부모와의 관계개선으로 정했다.

이제 우리 자녀들의 미래를 위해서 "우리 부모님도 우리를 이렇게 사랑했으면 좋겠다" 라고 부모님과 **관계개선**을 원하는 속내를 나타낸다. 우리 부부도 자녀들에게 이러한 부모가 되면 좋겠다는 바람을 표현했다.

18. 나의 상처

본 회기에서는 남편의 숨겨진 감정을 표출하는데 목표를 정했다.

처음 사랑은 아버지에 대한 적개심과 어머니에 대한 연민, 미래에 대한 자신의 불안한 감정을 위로하고 인생의 기반을 마련해준 공로자” 라고 말한다.

19. 성적문제

이번 회기의 목표는 내담자가 자신의 성적문제를 표출하는 것으로 정했다.

그 동안 여러 회기의 작업에서 분노가 치밀었던 것과 같이 남편은 아직도 분노가 남아 있는 듯 다시 얼굴이 붉어졌다 하얗게 되는 것을 반복하였다.

성폭행 당한 자신을 쓰레기통으로 비유하며 침통한 표정으로 자신이 더럽다고 하였다.

자신의 내면 깊은 곳에 숨어있던 성적문제의 사건을 **쓰레기통**에 버리고 영원히 지운다는 내담자의 심리를 표출한다.

20. 내가 나를 용서하기

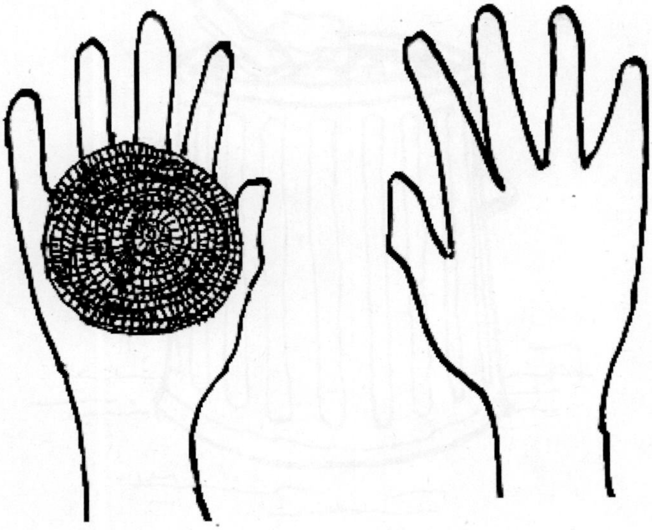

본 회기에서는 내담자가 먼저 자신을 용서함으로써 다른 사람들을 용서하도록 돕는 데 목표를 정했다.

더럽혀진 손과 용서함으로 깨끗해진 손을 연필로 빠른 속도로 그리고 난 후에 **자유. 자유**를 연달아 외치며 기뻐한다.

21. 주변정리

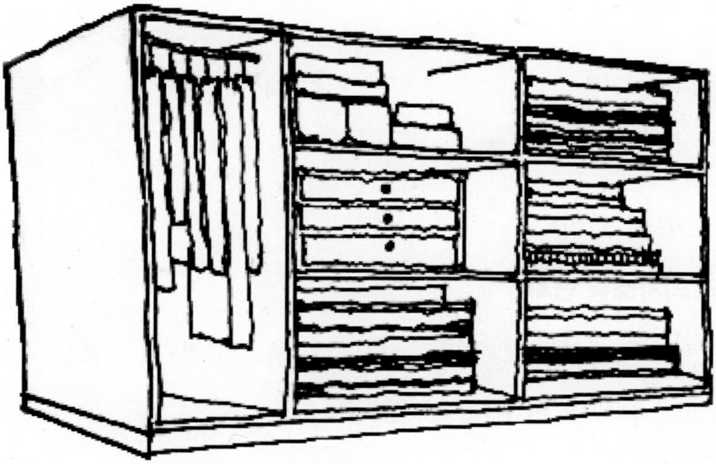

본 회기에서는 내담자가 자신의 변화된 모습을 새로운 변화를 시도하도록 하는 것으로 목표를 정했다.

정리정돈된 작품을 통해 지나간 과거의 사건이 이제 자신과는 무관한 것으로 마음정리가 됨을 확증한다.

치유효력의 종결은 **마음정리**와 함께 주변정리가 된다.

성 힐링 부록

1. 부부 의사소통의 변화

(1) 남편의 의사소통 변화

남편의 의사소통 변화를 보기 위해 실시한 설문조사 결과는 <표1-1> 과 같다.

<표1-1> 남편의 사전 사후 의사소통 점수 표

검사	사전	사후
의사소통 점수	16	42
의사소통 점수차	26	

<표1-1> 과 같이 남편의 의사소통 사전검사 점수는 16점이고 사후검사 점수는 42점이다. 사전검사와 사후검사의 차이는 26점으로 나타났다. 프로그램 과정에서 치료 전보다 치료 후 의사소통이 원활해진 것을 나타낸다.

<표1-2> 남편의 의사소통 설문지 (●: 사전, ○: 사후)

문항 내용	1	2	3	4	5
1. 나는 배우자와 깊이 있는 대화를 나눈다	●				○
2. 나는 배우자의 감정을 이해한다		●			○
3. 나는 배우자의 역할에 대해 지지한다	●			○	
4. 나는 배우자의 잘못을 용납한다		●			○
5. 나는 배우자에게 나의 감정을 솔직하게 말한다	●			○	
6. 나는 배우자에게 칭찬을 적극적으로 한다	●		○		
7. 나는 배우자와의 갈등을 완만하게 해결할 수 있다	●			○	
8. 나는 배우자가 나를 잘 이해한다고 생각한다	●		○		
9. 나는 배우자의 취미생활을 배려한다	●				○
10. 나는 배우자에게 내 잘못을 인정한다	●				○
11. 나는 대부분의 일을 배우자와 상의하여 처리한다		●			○
12. 나는 배우자의 의견을 존중한다		●			○

(2) 아내의 의사소통 변화

아내의 의사소통 변화를 보기 위해 실시한 설문조사 결과는 <표1-3> 와 같다.

<표1-3> 아내의 사전 사후 의사소통 점수 표

검사	사전	사후
의사소통 점수	20	68
의사소통 점수차	48	

<표1-3> 과 같이 아내의 의사소통 사전검사 점수는 20점이고 사후검사 점수는 68점이다. 사전검사와 사후검사의 차이는 48점이다. 프로그램 과정에서 치료 전보다 치료 후 의사소통이 원활해진 것으로 나타난다.

<표1-4> 아내의 의사소통 설문지 (●: 사전, ○: 사후)

문항 내용	1	2	3	4	5
1. 나는 배우자와 깊이 있는 대화를 나눈다	●				○
2. 나는 배우자의 감정을 이해한다	●				○
3. 나는 배우자의 역할에 대해 지지한다		●			○
4. 나는 배우자의 잘못을 용납한다		●			○
5. 나는 배우자에게 나의 감정을 솔직하게 말한다	●				○
6. 나는 배우자에게 칭찬을 적극적으로 한다	●				○
7. 나는 배우자와의 갈등을 완만하게 해결할 수 있다	●			○	
8. 나는 배우자가 나를 잘 이해한다고 생각한다	●			○	
9. 나는 배우자의 취미생활을 배려한다			●		○
10. 나는 배우자에게 내 잘못을 인정한다	●				○
11. 나는 대부분의 일을 배우자와 상의하여 처리한다			●		○
12. 나는 배우자의 의견을 존중한다			●		○

2. 부부 성 의식의 변화

(1) 남편의 성 의식 변화

남편의 성 의식 변화를 알아보기 위해 실시한 성 의식 설문 점수 결과는 <표1 >와 같다.

<표2-1> 남편의 사전 사후 성 의식 점수 표

검사	사전	사후
성 의식 점수	22	53
성 의식 점수차	31	

<표2-1>과 같이 남편의 성 의식 사전검사 점수는 22점이고 사후검사 점수는 53점으로 나타났으며, 사전검사와 사후검사의 차이는 31점이다. 치료 전보다 치료 후 성의식이 개선되었음을 의미한다.

<표2-2> 남편 성 의식의 설문지 (●: 사전, ○: 사후)

문항 내용	1	2	3	4	5
1. 나는 배우자와의 성에 대해 자연스럽게 이야기한다	●				○
2. 나는 배우자가 싫어하는 성행위를 강요하지 않는다	●			○	
3. 나는 배우자와 협의하여 새로운 성 기술을 시도한다	●		○		
4. 나는 배우자와의 관계 전에 감정을 충분히 맞춰준다			●		○
5. 나는 배우자의 성적 능력이나 매력에 대해 만족한다		●		○	
6. 나는 배우자가 오르가즘에 도달하도록 노력한다			●		○
7. 나는 배우자가 충분히 전희를 느끼도록 해준다			●		○
8. 나는 배우자가 자신의 성적문제를 알고 있다고 생각한다		●		○	
9. 나는 성관계를 먼저 시도하거나 요구한다	●				○
10. 나는 배우자와의 성관계를 좋아한다		●			○
11. 나는 성관계 전에 배우자의 몸에 대한 칭찬을 하는 편이다	●			○	
12. 나는 배우자와의 성생활에 대해 만족하는 편이다	●			○	

(2) 아내의 성 의식 변화

아내의 성 의식 변화를 알아보기 위해 실시한 성 의식 설문 점수는 <표2-3>와 같다.

<표2-3> 아내의 사전 사후 성 의식 점수 표

검사	사전	사후
성 의식 점수	22	49
성 의식 점수차	27	

<표2-3> 와 같이 아내의 성 의식 사전검사 점수는 22점이고 사후검사 49점수는 점으로 나타났으며, 사전검사와 사후검사의 차이는 27점이다. 치료 전보다 치료 후에 성 의식이 개선되었음을 의미한다.

<표2-4> 아내의 성 의식의 설문지 (●: 사전, ○: 사후)

문항 내용	1	2	3	4	5
1. 나는 배우자와의 성에 대해 자연스럽게 이야기한다	●			○	
2. 나는 배우자가 싫어하는 성행위를 강요하지 않는다			●		○
3. 나는 배우자와 협의하여 새로운 성 기술을 시도한다	●			○	
4. 나는 배우자와의 관계 전에 감정을 충분히 맞춰준다		●			○
5. 나는 배우자의 성적 능력이나 매력에 대해 만족한다		●		○	
6. 나는 배우자가 오르가즘에 도달하도록 노력한다		●	○		
7. 나는 배우자가 충분히 전희를 느끼도록 해준다			●	○	
8. 나는 배우자가 자신의 성적문제를 알고 있다고 생각한다	●		○		
9. 나는 성관계를 먼저 시도하거나 요구한다		●			○
10. 나는 배우자와의 성관계를 좋아한다		●			○
11. 나는 성관계 전에 배우자의 몸에 대한 칭찬을 하는 편이다	●		○		
12. 나는 배우자와의 성생활에 대해 만족하는 편이다		●		○	

부부의 합동화

1. 자신의 매력 포인트 표시

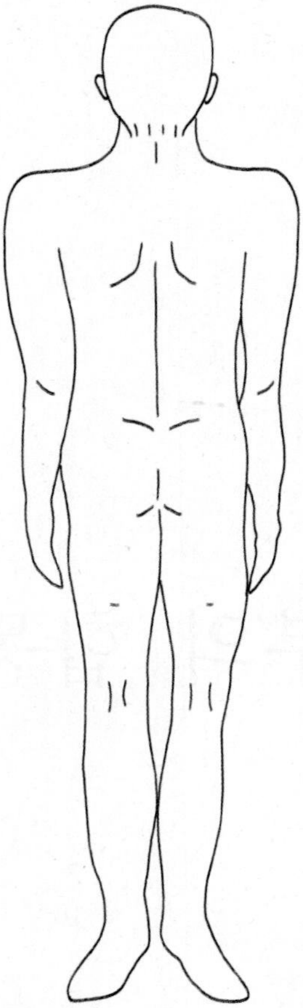

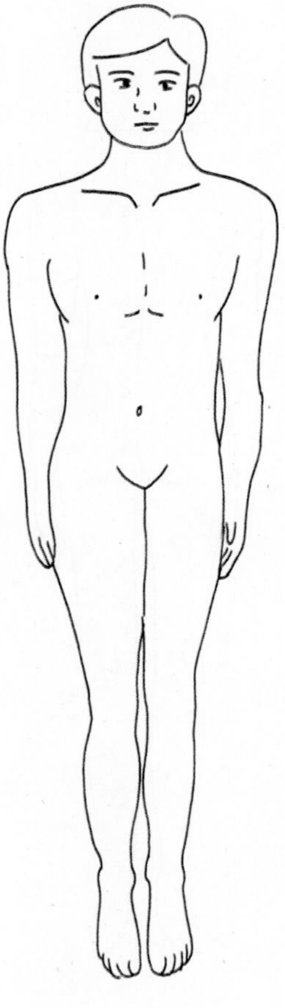

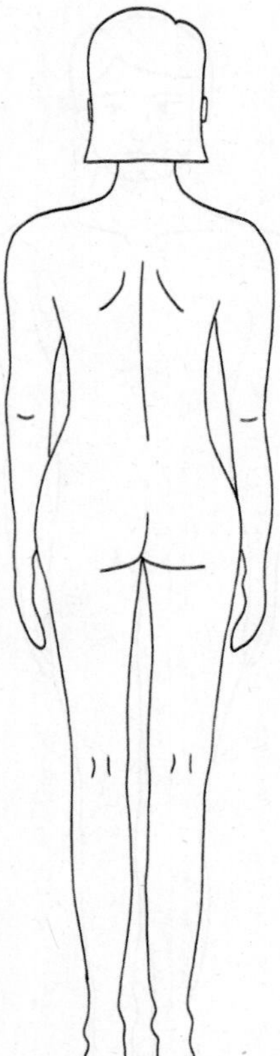

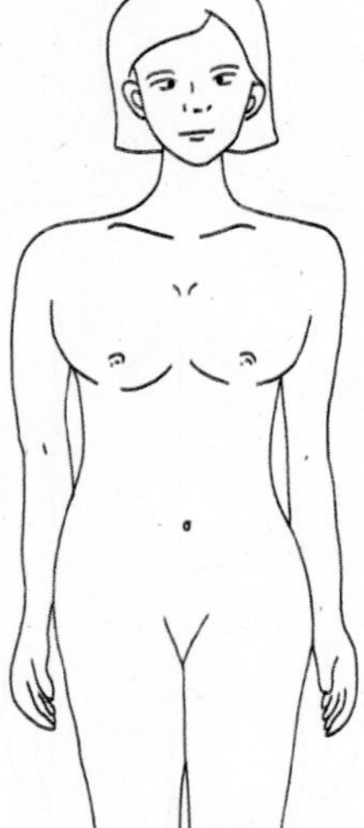

2. 배우자의 매력포인트. 표시

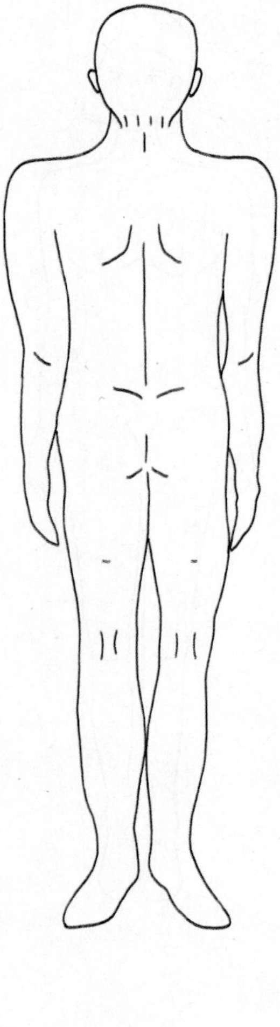

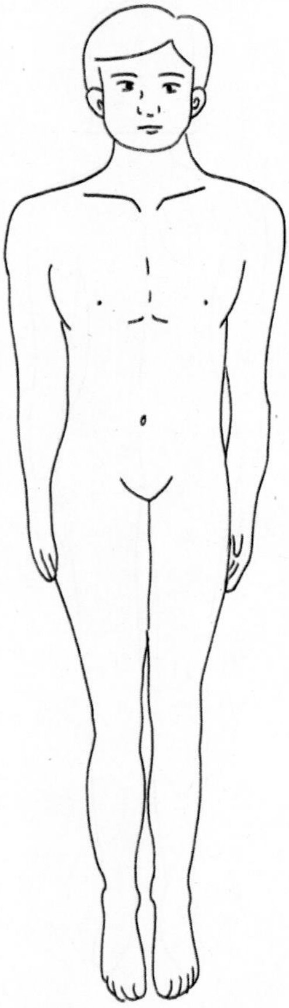

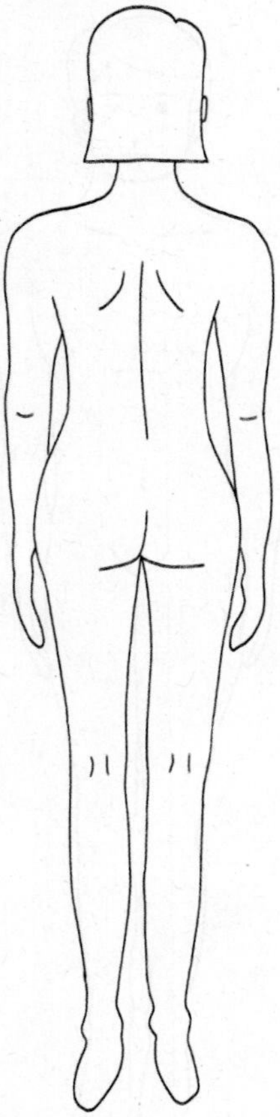

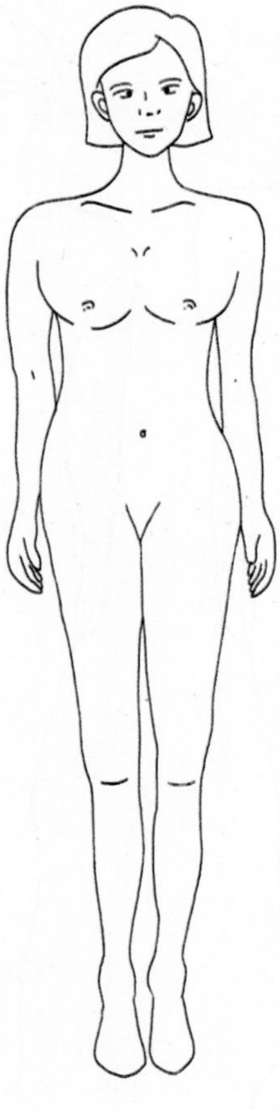

3. 내가 느끼는 배우자의 성감대 표시

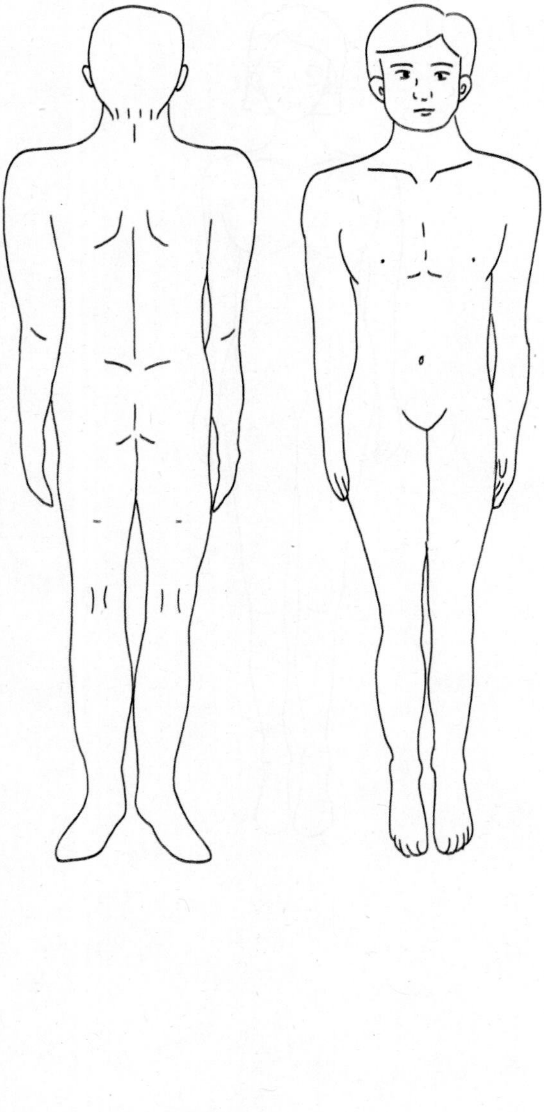

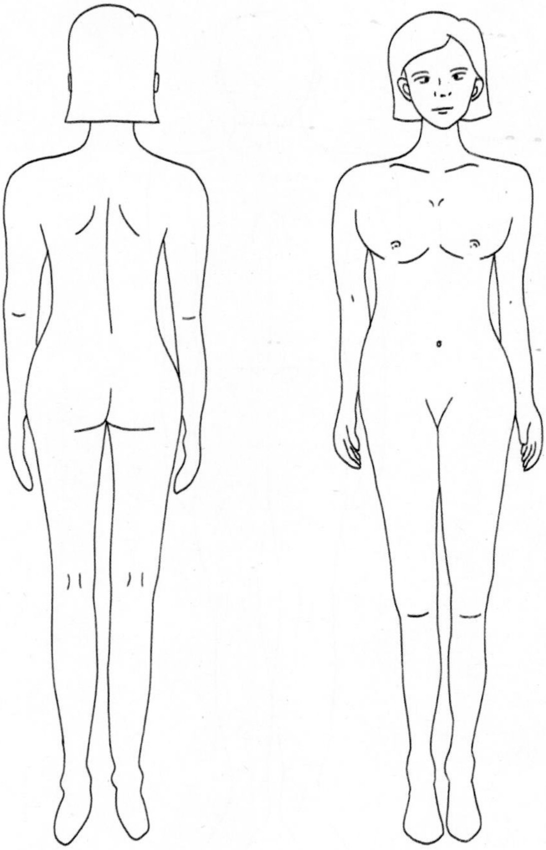

4. 내가 느끼는 나의 성감대 표시

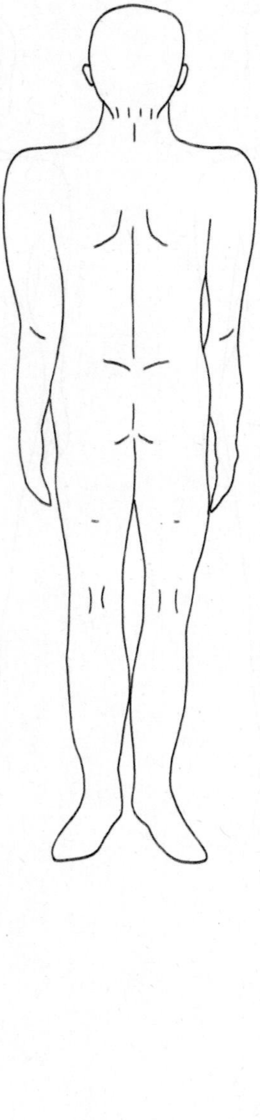

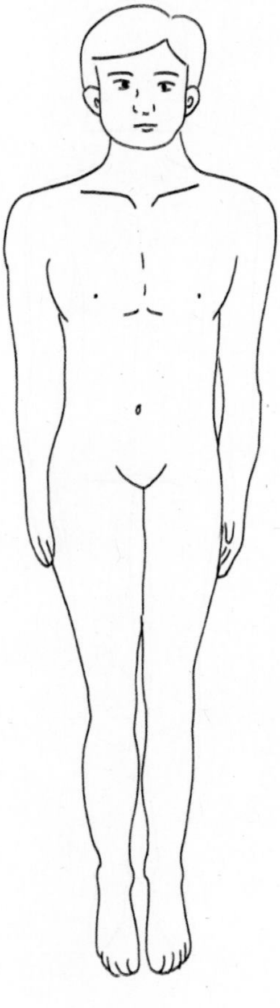

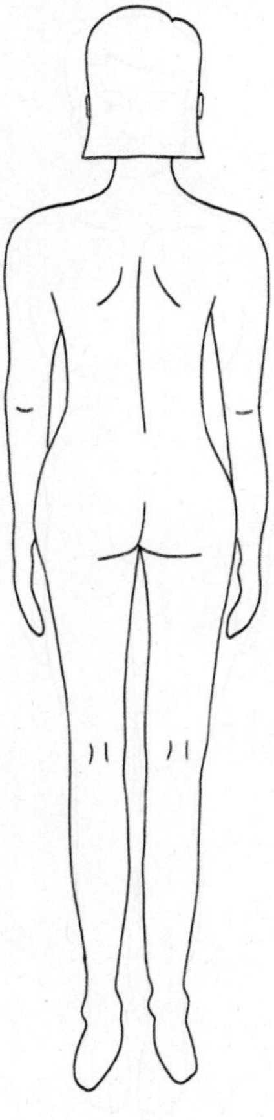

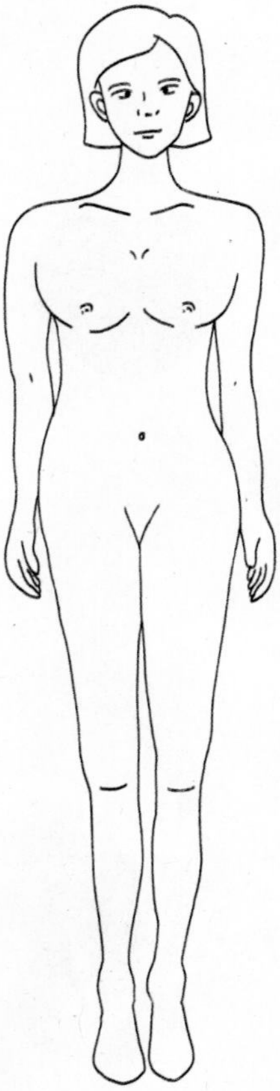

성(性) 행복과 기쁨과 치유

발 행 일　2024년 1월 5일 초판 1쇄 인쇄
　　　　　2024년 1월 10일 초판 1쇄 발행

저　　자　정혜숙

발 행 처　크라운출판사 http://www.crownbook.com

발 행 인　李尙原
신고번호　제 300-2007-143호
주　　소　서울시 종로구 율곡로13길 21
공 급 처　(02) 765-4787, 1566-5937, (080) 850~5937
전　　화　(02) 745-0311~3
팩　　스　(02) 743-2688, 02) 741-3231
홈페이지　www.crownbook.co.kr
I S B N　978-89-406-4587-1 / 03180

특별판매정가 15,000원

이 도서의 문의를 편집부(02-6430-7012)로 연락주시면 친절하게 응답해 드립니다.